AF577553

Hans Bethge: Nachdichtungen orientalischer Lyrik
Band VIII: Omar Khayyam

Hans Bethge

Omar Khayyam
Nachdichtungen

YinYang Media Verlag

Nachdichtungen der Ruba'iyat (Auswahl)

3. Auflage der zuerst 1921 im Propyläen Verlag, Berlin, erschienenen Ausgabe – mit letzten Überarbeitungen und Ergänzungen aus dem Nachlaß Hans Bethges; neu herausgegeben und mit einem Nachwort versehen von Regina Berlinghof

Die Deutsche Bibliothek - CIP Einheitsaufnahme:
Ein Titeldatensatz für diesen Band ist bei der *Deutschen Bibliothek, Frankfurt am Main*, erhältlich.

Satz und Layout: Regina Berlinghof
Druck: Digitaldruck AG, Frensdorf (Bayern)
ISBN 3-935727-01-1

Der Einband der ersten Auflage von 1921,
gezeichnet von Hugo Steiner-Prag
Druck im Querformat

SELBSTBILDNIS

Ich bin weder für den Himmel begnadet noch zur Hölle verflucht,
Gott hat, als er mich ſchuf, den allerſeltſamſten Ton ausgeſucht;
Freigeiſt bin ich, häßlich, mir ſcheint, mein Herz ſitzt am richtigen Ort.
Aber ich glaube nichts hier und erhoffe nichts dort.

* 107 *

Beispielsseite aus der ersten Auflage
Druck im Querformat
Gedicht hier S. 105

HERRN

DR. KARL KLINGSPOR

DEM

VERDIENSTREICHEN FÖRDERER
DEUTSCHER DRUCKERKUNST
HERZLICH ZUGEEIGNET

79.)

Ton und Töpfer.

Ich sah, wie vor der Türe seines Ladens
Ein Töpfer saß, er schlug den feuchten Ton,
Aus dem er einen Krug zu bilden dachte,
Mit beiden Händen; plötzlich sprach der Ton
Mit vorwurfsvoller Stimme dies: „Halt ein!
Ich bin, was du bist, – warum schlägst du mich?"

[illegible] p. 67.

Manuskript Hans Bethges,
Ton und Töpfer (S. 79)

OMAR KHAYYAM
NACHDICHTUNGEN

C A R P E D I E M !

Genieße, Herz, die Stunde, die verblüht,
Und denke nicht an das begrabene Glück.
Laß auch der Zukunft graue Schatten ruhn, –
Es sind ja Schatten; nur die Stunde lebt.
Die goldene Lust der schnellen Gegenwart
Pflücke mit Lachen! Dieses Lebens Wert
Schließt sich der Sehnsucht, die dem Licht vertraut,
Mit strahlenden Türen auf.   *H.B.*

DAS BESTE

Ich habe dieses Daseins Höhn und Tiefen
Durchmessen mit den Flügeln meines Geistes,
Mit tiefstem Denken schlug ich mich herum.

Ich wär ein Narr, wollt ich die Wahrheit nicht
Gestehn: Das Beste, was das Glück uns spendet,
Ist Trunkenheit des Weines, – sie ist göttlich!

DER ALLGÜTIGE

Ich bin, wie du mich schufest, Gott. Solang
Ich lebe, ward mir deine Gunst zuteil.
Fast hundert Jahre schweif ich auf der Erde
Und möchte nochmals hundert Jahre schweifen,
Zu sehn, ob größer meiner Sünden Last
Oder die Fülle deiner Gnade sei.

BITTE AN GOTT

Gott, dein Beruf ist die Verzeihung. Also
Verzeihe meinem Fuß, der mich zur Schenke
Trägt, ohne daß ich's hindern kann. Verzeihe
Der Hand, die an den Mund den Becher führt,
Ohn daß ich's hindern kann. Herrgott, verzeihe
Auch meiner armen, übermütigen Seele,
Die dich verlacht, ohn daß ich's hindern kann.

VERRINNENDES DASEIN

Weißt du, warum im frühsten Morgenflor
Der Schrei des Hahns dich jählings schreckt empor?
Weil wieder eine Nacht aus deinem Leben
Entschwand, sie wird dir nie zurückgegeben,
Du aber schläfst, du armer, blöder Tor.

LIEBESTRUNKEN

Ich habe meine heiligsten Gelübde
Verletzt. Ich habe hinter mir verriegelt
Die Tür des guten und des schlechten Rufs.
Seid nicht empört, wenn vieles ich begehe,
Was sinnlos scheint, – ich bin in Glück versunken,
Vom wilden Wein der Liebe bin ich trunken!

EWIGES RÄTSEL

Noch keiner hat den Schleier vom Geheimnis
Der Welt gelüftet. Unsres Geistes Augen
Sind eingehüllt in Finsternis; wir dürfen
Zwar träumen, was sehr süß ist, doch das Rätsel
Der Welt bleibt uns verschlossen bis zum Tod.

VORSICHT

Eh du und ich noch diese Welt berührten,
Wie viele Morgenröten, Dämmerungen
Des Abends haben schon den ewigen Himmel
Gefärbt! Wie vieles sank dahin zu Staub!
Drum, wenn der Erde Kruste du beschreitest, –
Tritt leise auf! Wer weiß, ob nicht der Staub,
Darauf du hingehst, in verrauschten Tagen
Die Schulter eines reizenden Mädchens war.

UNMÖGLICH

Gott gab uns Leidenschaften in die Brust.
Dann drohte er: „Wenn du die Leidenschaften
Nicht meistern kannst, so fährst du in die Hölle."

Es ist als spräche jemand: „Kehre um
Den vollen Krug, doch trifft dich schwere Strafe,
Wenn du verschüttest einen Tropfen nur."

VIELLEICHT

Wenn einst dem strengen Todesengel ich
Zu Füßen sinke, seinem Schwert zum Raube,
Formt eine Flasche dann aus meinem Staube,
Füllt sie mit bestem, glutdurchströmtem Wein, –
Vielleicht, daß mich belebt der Geist der Traube!

AUFFORDERUNG

Auf! schlanke Freundin, hebe deine Füße, –
Wir wollen tanzen zu den holden Liedern
Des Saitenspiels, – dann aber laß uns schweigend
Leeren der Becher unbegrenzte Zahl.
Noch nach dem zwanzigsten wird uns bedünken,
Das Dasein sei nicht wert davon zu reden.
Doch haben wir den sechzigsten getrunken,
So ward die Welt ein strahlend Paradies.

EIN HAUCH

Zwischen Glauben und Zweifel ist nur ein dünner Hauch.
Zwischen wahr und unwahr ist nur ein dünner Hauch.
Der Hauch ist alles. Das Leben ist nur ein Hauch.
O nütze diesen schnell verwehenden Hauch!

HILFLOS

Du hast mich als ein Teil von deinem Wesen
Erschaffen, Gott. Dann hieltest du's für gut,
Dich ganz von mir zu trennen, – o, ich fürchte,
Daß deine Absicht war von Anbeginn,
Ich sollt in Einsamkeit durch Welt und Wind
Hintreiben, wehrlos, hilflos wie ein Kind.

KLUGE MASSNAHMEN

Auf leisen Sohlen, um den frommen Seelen
Kein Ärgernis zu geben, schleichen wir
Der Schenke zu. Den Turban, das Gebetbuch
Verkaufen wir für rosenfarbenen Wein.

Führt uns der Weg an der Moschee entlang,
Nur leise, leise, und in weitem Bogen
Vorüber, daß des Priesters fade Predigt
Nicht unser armes Ohr beleidigen kann.

FRAGE

Du, großer Gott, allein lenkst das Geschick
Der Lebenden und Toten. Du allein
Bist Herrscher über diese wirre Welt.
Wohl bin ich schlecht, – doch bin ich nur dein Sklave
Und du mein Meister, der mich so gebildet.
Wer ist der wahrhaft Schuldige auf Erden?
Du bist es, du, der alles hier erschuf.

LEERE WÄNDE

In meiner Jugend, voller Drang nach Weisheit,
War ich den Lehrern ehrfurchtsvoll ergeben,
Den ruhmgekrönten. Aber alle Türen,
Die mir von ihrer Hand geöffnet wurden:
Auf leere Wände haben sie geführt.

STUNDE DES GEBETS

Hört ihr? Vom schlanken Minarette ruft
Der Küster uns zu Andacht und Gebet.
Auf, Freunde! Gießen wir in die Pokale
Den besten Tropfen, den uns Gott gab, ein.
Wir wollen diese wundervolle Stunde
Des goldnen Abendlichts durch Bußetun
Und lästige Gebete nicht entweihn.

VON DER FREIHEIT

Weißt du, o Freund, warum wir die Zypresse
Den Baum der Freiheit nennen und die Lilie
Der Freiheit Blume heißt? Wohl hundert Arme
Von stolzem Wuchs hat die Zypresse, dennoch
Greift sie nicht zu. Zehn Blütenblätter hat
Die Lilie, das sind Zungen, dennoch redet
Sie nicht ein Wort. Ahnst du, was Freiheit ist?

JE NACHDEM

Ich liebe sehr den rosenfarbenen Wein,
Wenn er verlockend in den Gläsern funkelt
Beim Klang der Harfen und der sanften Flöten.

Bei Gott, ich liebe auch die Weinverächter
Und die Asketen, – wenn mit ihrer Dummheit
Sie hundert Meilen mir vom Leibe bleiben!

ERBARMUNGSLOS

Hat je der Himmel, der wie ein Tyrann
Zu unsern Häupten droht, die dunkeln Qualen
Auf eines Menschen Leidensweg verkürzt?

Nein! Immer dort, wo er auf seiner Wandrung
Ein blutend Herz fand, hat er neue Wunden
Den alten mitleidslos hinzugefügt.

EWIGER WECHSEL

Den Becher nimm in deine schöne Hand,
Den Weinkrug in die andre, o Geliebte:
So wandle auf den Wiesen von Smaragd
Am Rand des Baches, der wie Silber schimmert,
Und denke nach, wie viele deiner Schwestern,
So hold wie du, mit mondenschönen Wangen,
Zahllose Male irdene Krüge waren
Und Becher, leicht vergänglich, so wie du . . .

VERGÄNGLICHKEIT

Seht dieses Schloß, wo einst ein mächtiger Herrscher
Das Glas in übermütigem Kreis erhob:
Heut grasen Rehe still durch die Ruinen,
Und manchmal ruht der Löwe hier zur Nacht.
Und dieses Schlosses Herr, der mit der Schlinge
So oft hinauszog, um die wilden Esel,
Die rings das Land bevölkerten, zu jagen:
Der Tod hat ihn gejagt, und er ist hin.

DIESSEITS UND JENSEITS

Lösung der Weltenrätsel wirst du niemals finden,
Der Weisheit letztes Wörtlein wirst du niemals finden.
Schaff dir ein Paradies auf dieser Erde
Mit Wein und Harfenspiel! Ob es ein Paradies
Im zweifelhaften Jenseits gibt, das wird sich finden.

BEFEHL DES PROPHETEN

Ihr meint, die schwersten Strafen stünden mir
Bevor im Jenseits, weil ich so den Saft
Der Reben liebe? Eure Weisheit irrt!

Das Rebenblut zu trinken ist erlaubt, –
Hat der Prophet des Herrn nicht selbst befohlen,
Zu trinken unsrer Glaubensfeinde Blut?

GENUSS DER FRÜHE

Das erste Morgenrot erhellt den Himmel, –
Erhebe dich, du Quelle meiner Freuden,
Nimm deinen Becher, trink ihn leer, dann greife
In die melodischen Saiten deiner Harfe, –
So viele Menschen schlafen noch, wie tot,
Und von den vielen, die im Grabe liegen,
Kehrt keiner, keiner in das Licht zurück.

UNERFORSCHLICH

Ein Mädchen, schlank, vom Wuchse der Zypressen,
Mit maienzartem Antlitz, tulpenschön, –
Und sei sie noch so süß und voller Anmut:
Kein Weiser kann den letzten Grund dir sagen,
Warum sie Gott für diese trübe Erde,
Von der sie einst vernichtet wird, erschuf.

GEGEN DIE HEUCHELEI

Nein, dieses Frommtun, diese Heuchelei
Ertrag ich länger nicht. Auf, lieber Schenke!
Füll in den Krug das Beste, was dein Keller
Bewahrt, zu meiner Seligkeit. Ich schleudre
Den Rosenkranz und Koran weit hinweg,
Um auf des Weines besserm Fundamente
Gegen die Heuchelei ins Feld zu ziehn!

GOTTES SCHAUSPIEL

Wir spielen hier ein Schauspiel, das von Gott
Geschrieben ward, – er sieht es und belacht's.
Dann rauscht auf seinen Wink der Vorhang nieder,
Und jählings von der Bühne sind entschwunden
Der Männer Schwerter und der Mädchen Mieder,
Der Fürsten Reichtum und der Bettler Wunden.

ALLES IST EITEL

Das nenne ich ohne Sinn und ohne Scham,
Wenn du den Worten des Propheten trotzend
Nach Reichtum trachtest und nach Flitterkram.

Denn wenn du alles aufhäufst, was im Land
Von Golde glänzt, was kannst du anderes tun,
Als wieder lösen dich von all dem Tand?

WILDNIS

Lieg in der Wildnis ich mit einem Buch
Und hab ein duftend Brot, mich zu erlaben,
Und Wein in einem kühl gehaltnen Krug,
Und du, Geliebte, singst an meiner Seite
Ein Lied frohlockend in der Wildnis Weite, –
So ist die Wildnis Paradies genug!

VERWANDELT

Geliebter Wein! So unermeßlich ströme
In diesen irdischen Leib, daß ich allmählich
Vollkommen in dein Wesen mich verwandle.

Dann werden alle, welche mich erblicken,
Mich voll Entzücken fragen: „Sag, woher
Strahlst du so himmlisch, lieber Meister Wein?“

FASTENZEIT

Die Fastenzeit begann, die Zeit der Qual.
Vorbei die Tage, da wir lachend zechten
Und hübschen Mädchen sanken an die Brust.
Fast birst das Faß vom strotzend üppigen Weine,
Den wir nicht trinken dürfen; und die Mädchen
Sehn uns mit holdem Schmachten an: sie möchten
So gern geküßt sein, doch wir dürfen nicht.

NICHT BETROFFEN

In allen Kirchen, Klöstern und Moscheen
Predigt man Angst vor dem Gewühl der Hölle
Und süße Hoffnung auf das Paradies.

Doch wird von solchen Worten nicht betroffen
Der Glückliche, den Gott in das Geheimnis
Der letzten Dinge sich verlieren ließ.

KLUGER RATSCHLAG

Du seufzest, Freund, gequält von dem Gedanken,
Daß deine Seele allzu kurze Zeit
Den Leib bewohnt? O hör auf meinen Ratschlag:

In seiner ganzen Lenzesfrische drücke
Das Dasein an dich, kränze dich mit Blumen,
Bevor die Blumen blühn aus deinem Grab!

ENTRÜSTET

Wie denn, mein Gott, du forderst von uns Armen,
Denen du Kupfer einst geliehn hast, Gold?
Du forderst anspruchsvoll von uns zurück
Ein Darlehn, das wir nie von dir gewollt?
Das ist nicht recht, o Herr; das ist kein Handel,
Wie ein barmherziger Gott ihn führen sollt!

MORGEN ...

Laßt uns den Becher füllen, der Vergessen
Der Gegenwart und des Vergangenen spendet
Und klug verschleiert unser künftiges Tun.

Wo sind wir morgen? Morgen sind wir ferne,
Wo die verflossenen Jahrtausende
Mit ihren Taten, ihren Träumen ruhn.

GNÄDIG – UNGNÄDIG

Du Schlanke, die ich liebe! Mag dein Leben
Lang währen wie der Jammer meines Herzens,
Der niemals endet, da du mich verschmähst.
Heut hast du mich beseligt und betrübt.
Du warst so gütig, einen Blick des Grußes
Mir zuzuwerfen. Darauf gingst du weiter,
Rasch, voller Angst, es könnte jemand merken,
Daß du so edle Tat an mir verübt.

PUPPEN

Wir sind nur bunte, willenlose Puppen,
Daran des Himmels Laune sich vergnügt, –
Ach, wir sind Motten in der Glut des Lichts.

Wir sind die hin und her gezognen Steine
Im Schachbrett dieses Seins, das wir verlassen
Um uns zu bergen in dem Sarg des Nichts.

ES SCHEINT MIR KLÜGER ...

Es scheint mir klüger, edeln Wein zu trinken
Und hübsche Mädchen um die Brust zu fassen
Als heuchlerisch ein Tugendbold zu sein.

Wenn wirklich alle Trinker und Verliebten
Zur Hölle müssen, wie geschrieben steht, –
Ist dann ein Mensch zu finden, der noch Lust hat,
Einsam ins öde Paradies zu ziehn?

BEI IHR

Gleich einem Rosenblatt erstrahlt dein Mund,
Ich küsse mich an seinem Glanz gesund.
Die Rätsel Gottes und der Welt, o schlanke,
Geliebte, holde Priesterin des Weines,
Vergeß ich gern an deiner Schultern Rund.

ALLES WIRD ERDE

In eines Töpfers Werkstatt trat ich heut,
Mein Aug sah viele Hunderte von Krügen,
Die einen sprachen, und die anderen schwiegen,
Und alle, schien es, fragten mich verwirrt:
„Wer ist einst Töpfer unter uns gewesen,
Und wer von uns, in längst gelebten Zeiten,
War Krug-Verkäufer – und wer kaufte uns?“

NICHTS

Du hast die Welt durcheilt: was deine
Augen erblickten, es war nichts. Es drang gar vieles
In dein Gehör, – im letzten war es nichts.
Du hast das Universum voll Verlangen
Durchforscht nach Klarheit, – du erkanntest nichts.
Du hast dich still in deines Zimmers Winkel
Zurückgezogen, – und auch das war nichts.

IN UNS

Jenseits der Wolken hab mit Inbrunst ich
Gesucht nach Schicksal, Hölle, Paradies.
Ein Weiser sah mich lächelnd an und sprach:
„Was suchst du in so fernen Regionen?
In dir sind Schicksal, Hölle, Paradies."

DER GLÜCKLICHSTE

Als jüngst ich in dem Buch der Liebe las,
Stieß voll Entzücken ich auf diese Verse:
Groß ist bei Gott das Glück des Sterblichen,
Der eine schöne Freundin sich erwarb;
Doch größer noch, darf er mit ihr zuweilen
Durchschwärmen eine Nacht, die das Geschick
Ihm länger als ein Jahr erscheinen läßt.

NICHT ZU FINDEN

Ach, immer wieder zwischen Zuversicht
Und Zweifel schwankt der Mensch, der sich nach Gott
Und nach Erlösung sehnt. Einst wird er wissen:
Der wahre Weg zu der Erleuchtung Ort,
Und sei der Sucher noch so gottbeflissen,
Er ist nicht hier zu finden und nicht dort.

GLAUBENSBEKENNTNIS

Ich zieh es vor, mit einem hübschen Mädchen
Die Zeit in einem Weinhaus zu verplaudern
Als ohne sie zu beten in der Kirche.

Und ich bin kühn genug, verzeih mir, Gott,
Dies ehrliche Bekenntnis meines Glaubens
Dir vorzutragen ohne Scham und Scheu!

UNVERBESSERLICH

Vor kurzem hatt ich ernstlich mich entschlossen
Zu Fasten und eindringlichem Gebet,
Um so das Heil des Himmels zu erlangen,
Nach dem ich lange schon umsonst gesucht.
Doch was geschah? Ein süßer Windhauch, der
Den Duft von meiner Freundin Schultern brachte,
Hat das Gebet vom Mund mir fortgeweht;
Und auch mein Fasten ward zu nichte, da sich
Der Weinkrug sacht an meine Lippen stahl . . .

SÜNDE?

Du hast auf unserm Weg uns tausend Fallen
Errichtet, – willst du uns verdammen, Gott,
Wenn uns die Schlinge fängt, die du gelegt?
Bin ich ein Sünder, so allein durch dich!
Nennst du das Sünde, wenn mein Schicksal nimmt
Den Weg zum Sturz, den du voraus bestimmt?

EWIG

Das Wesen Gottes webt geheimnisvoll
In dieses Daseins ungezählten Formen,
Die seine tiefe Weisheit sich erschuf.
Und wenn auch jede Form zu Staub verweht, –
Er selbst ist ewig, – er allein besteht.

DIE UNWISSENDEN WEISEN

Selbst jene, deren Weisheit alle Welt
Bewundernd anstaunt, deren Geistesschwingen
Den kühnsten Flug in Ätherhöhen wagen, –
Selbst jene faßt ein Schwindel, wenn sie trachten
Dem letzten Sinn der Dinge nachzuforschen,
Dem unfaßbaren, – und am Ende stehen
Mit ihrer Weisheit sie wie Kinder da.

VIEL KÖSTLICHER

Viel köstlicher als aller Ruhm der Erde
Ist's, einen Trunk aus vollem Glas zu tun;
Viel köstlicher und Gott gefälliger
Als frommes Plappern ist der Hauch des Glückes,
Der leis vom Munde der Verliebten weht.

GRÜNER GLANZ

Der Regen fiel, nun schimmern alle Gärten
Und alle Gräber von erfrischtem Grün.

Füllt eure Becher, – mag der Wein uns stärken,
Wie rings das Grün im Regen neu erstand.

Wer wird am Grün der Zukunft sich ergötzen,
Das einst auf unsern Gräbern schimmern wird?

EWIGER WECHSEL

Sieh, wie die Rosen hold im Morgenwind
Erglühn; hör wie die Nachtigall, berauscht
Von soviel Schönheit, leis ihr Lied beginnt.

Ruh in dem Glanz der Rosen aus und denke,
Wie oft sie aus dem Schoß der Erde schon
Gestiegen und darin versunken sind.

DER WILLE GOTTES

So wie du, Herrgott, mich gebildet hast: aus Wasser
Und Erde, – so hab ich gelebt, nach deinem Willen.
Ob aus bescheidner Wolle oder köstlichem
Brokat, – du selbst hast mich gewebt, nach deinem Willen.
Du hast im Vorhinaus mir auf die Stirn geschrieben
Mein Schicksal, – ob ich Gutes oder Böses tat:
Ich tat es immer schicksalhaft, nach deinem Willen.

WARUM, WOHER, WOHIN

Warum ich in die Welt kam, weiß ich nicht;
Ich kam so wie der Regen niederrauscht,
Jedoch woher ich kam, das weiß ich nicht.
Ich wehe durch die Welt so wie der Wind
Mit wilden Wirbeln durch die Wüste weht, –
Jedoch wohin ich wehe, weiß ich nicht.

AUFFORDERUNG

Bei jedem frohen Mahle laß zur Erde
Die ersten Tropfen deines Bechers fliegen.
Vielleicht daß sie die Seelenqual besiegen
Der alten Zecher, die seit langen Zeiten
Zermürbt im Schoß der grauen Erde liegen.

DER TÖNERNE KRUG

Du, Krug aus Ton, warst einstmals ein Verliebter
Wie ich. Du hast geseufzt in Liebesnächten
Nach deiner Freundin aufgelösten Flechten.
Um eines Mädchens Nacken, hold und warm,
Lagst du, o Henkel, zärtlich einst als Arm.

VOM WEIN

Die Guten sehn im Wein nur edle Tugend,
Die Bösen nur Verbrechen, Trug und List.
Wein ist der Spiegel unsres bunten Lebens:
Man sieht im Weine, was man selber ist.

IST ES NICHT SONDERBAR ...

Ist es nicht sonderbar, daß von den Vielen,
Die schon das dunkle Tor durchschritten haben,
Nicht einer rückkam, um uns zu erzählen,
Wie wir am besten unsre Straße wählen?
Blind tastend müssen wir ins Ewige wandern
Einsame Pfade, keiner weiß vom andern.

SCHON MORGEN . . .

Ich habe meinen Weinkrug, der aus Ton
Geformt war, gestern in der Nacht zerbrochen,
Da ich betrunken war von süßem Wein.
Auf einmal hört ich, und ich schauderte,
Wie eine Stimme klagte aus den Scherben:
„Einst war ich das, was du bist, lieber Freund,
Schon morgen wirst du meinesgleichen sein.“

JUGEND UND ALTER

In meiner Jugend hab ich kühn geglaubt,
Des Daseins Rätsel sei mir offenbar.

Jetzt, da ich alt und müd am Ende stehe,
Weiß ich, daß alles voller Rätsel war.

GENIESSEN

Geliebte, komm, – die Nacht sinkt schon herab,
Durch deine Schönheit, deinen Frohsinn scheuche
Die Zweifel, die in meiner Seele dunkeln.

Laß heiter uns den vollen Krug erheben
Und trinken, – eh die Welt aus unserm Staube
Lachend Weinkrüge für die Andern macht.

DIE GEGENSÄTZLICHEN

Wie lange noch, du frömmelnder Asket,
Wirst fluchen du auf mein bescheidnes Glück,
Das mir dein neidgeschwollnes Herz mißgönnt?

Sehr anders sind wir beide, das ist wahr:
Du heuchelst frommen Sinn beim Rosenkranze,
Ich trinke Wein und denke nichts als Liebe.

WIE VIELE …

Wie schläfrig wandern durch die Welt die Menschen,
Wie viele Schläfer ruhn schon in der Tiefe,
Wie viele noch, ganz ohne Hoffnung, werden
Schläfrigen Augs durch diese Wüste wandern,
Die Erde heißt und mündet in das Nichts.

VERGÄNGLICHKEIT

Heut sah ich einen Töpfer, der schuf Krüge:
Er bildete die Henkel aus den Füßen
Von Bettlern und die Rundungen der Hälse
Aus Königshäuptern, dazu lachte er.

TRUNKENHEIT DER LIEBE

Voll Trunkenheit und Torheit sei die Liebe,
Erfüllt von Kühnheit und beschwingtem Sinn!
Der Nüchterne kennt nichts als graue Sorgen,
Der Trunkne schlendert in den goldnen Gärten
Der Phantasie, – ihm ist es gleich, was kommt.

DIE JAMMERVOLLE WELT

Die Welt ist eine Gauklerbude, unecht
Ist alles, auch die Freundschaft ist nur Lüge.
Trag deine Lasten, ohne viel zu klagen,
Denn helfen kann dir keiner, dem du klagst.
Vertrau den Sternen deines Innern dich,
Niemals wird dir das Glück von außen nahn.

BLUMEN

Die wilden Rosen blühen rot wie Blut,
Weil unterm Gras ein grimmer Feldherr ruht.
Die weichsten Düfte saugen die Narzissen
Aus eines Mädchens Schädel, jetzt zerrissen,
Doch einst voll Süße und voll Lebensglut.

BEVOR...

Trink Wein, trink Wein, daß er das Herz dir wärme,
Bevor du scheiden mußt aus dieser Welt!
Lös auf das duftende Goldhaar deiner Liebsten,
Laß es beglückt durch deine Finger gleiten,
Bevor du fühllos liegst im feuchten Grabe
Und ekle Würmer gleiten durch dich hin.

TON UND TÖPFER

Ich sah, wie vor der Türe seines Ladens
Ein Töpfer saß, er schlug den feuchten Ton,
Aus dem er einen Krug zu bilden dachte,
Mit beiden Händen; plötzlich sprach der Ton
Mit vorwurfsvoller Stimme leis: „Halt ein!
Ich bin, was du bist, – warum schlägst du mich?“

SICHERES WISSEN

Geliebte! Vieles sah ich auf der Erde,
Ich nahm die ungezählten Bilder auf
Der bunten Welt, die rasch vorübergleitet,
An vielem zweifl' ich, aber dieses weiß ich
Gewiß und schreib es her zu deinem Ruhm:
Der Mond, mit deinem Angesicht verglichen,
Ist ohne Leuchtkraft, und die schlanke Fichte
Ist plump und reizlos gegen deinen Wuchs.

LATERNA MAGICA

Die Welt gleicht der *laterna magica*:
Ein Trugbild ist das Leben, weiter nichts.
So wie die Sonne über unsern Häuptern,
So hängt in der *laterna magica*
Die rosa Lampe, und wir selber sind
Die Bilder, die erscheinen und vergehn.

UMGANG MIT MENSCHEN

Pflicht sei dir stets, mit Menschen umzugehen
Von Geisteskraft. Die Dummen halte immer
Weit von dir ab. Reicht dir ein Weiser Gift,
Trink es getrost. Jedoch das Gegengift,
Das dir ein Dummkopf reicht: nimm es nicht an.

DUNKELSTE ERKENNTNIS

Da nichts auf dieser unvollkommnen Erde
Nach meinem Wunsch geschieht, – was soll ich länger
Mich quälen und zermartern mir das Hirn?

Was mich erfüllt, ist dunkelste Erkenntnis:
Vor kurzem kam ich, bald werd ich entschwinden,
Dies ist das einzige Wort, das Wahrheit ist.

RÄTSELHAFT

Wie ist es möglich, daß derselbe, der
Des Bechers Schönheit schuf, ihn auch zerbricht?
All diese edeln, lockenschweren Häupter,
All diese süßen, hochgebauten Glieder,
Von welcher Liebe wurden sie geschaffen,
Und welcher dunkle Haß zertrümmert sie?

WÜNSCHE

O Freunde, wollt ihr Gutes mir erweisen,
So macht, daß es mir nie am Wein gebricht.
Mein bleiches Angesicht soll hold erglühen
Wie köstlicher Rubin! Und wenn ich einst
Die Reise in das Jenseits unternehme,
So wascht mit goldnem Weine meinen Körper
Und bettet ihn in einen duftigen Sarg,
Der aus dem Holz der Reben ist gebaut.

DER UNBEGRIFFENE GOTT

Fruchtlos ist unsre Mühe dich zu finden,
Mein Gott, denn wir sind stümperhafte Wesen;
Ob nun erfüllt von Wissen oder Einfalt,
Es fehlt uns ganz die Macht, dich zu begreifen:
Dein Name tönt, – doch unser Ohr ist taub,
Du zeigst dich uns, – doch unser Aug ist blind.

WAS MACHT ES AUS?

Da unser Leben rasch vorüberrinnt,
Was macht es aus, ob es voll Bitternis
Oder voll Süße war? Da einst die Seele
Entflieht, was macht es aus, wohin sie schwebt?
Nimm deinen Becher, trinke goldnen Wein,
Nach unserm Tode wird der Mond noch oft
Vollenden seine Bahn im Silberglanze,
Doch wir sind fort, und er vermißt uns nicht.

MACHT DES WEINES

Wenn mich des goldnen Weines süße Fluten
Wie Frühlingskraft durchströmen, – Rausch der Freude
Braust über mich, es schwinden mir die Sinne,
Ich blicke tausend Wundern in die Augen
Und höre Stimmen, die in seltsam klaren,
Leuchtenden Worten mir das tiefste Wesen
Des Irdischen und Ewigen offenbaren.

AN GOTT

Das große Tor zu öffnen hast nur DU die Macht, –
mach auf!
Den Weg des Heiles kennst nur DU allein, –
o zeig ihn mir!
Kein Irdischer, der mich leiten will,
soll mir ein Führer sein, –
Vergänglich ist die ganze Welt, –
ewig bist DU allein.

RACHE

Dein Kuß ist süß berauschend wie die Bäche
Des Paradieses. O gestatte nicht
Dem Becher, daß er deine Lippen küßt,
Ich würde sonst in eifersüchtigem Rasen
Nicht eher ruhn als bis das Blut des Bechers
Ich austrank, meinen Rachedurst zu stillen.

KLEINER DIALOG

Ein Frommer sprach zu einem Weib der Straße:
„Du bist ein Kind der Sünde, ohne Scham,
Der Männer würdeloser Zeitvertreib."
Darauf die Frau: „Ich bin das, was du meinst, –
Doch du, bist du so fromm, Herr, wie du scheinst?"

KREISLAUF

Nicht lange, und wir beide werden
Verfault im düstern Grabe trauern.
Man wird aus schweren Ziegelsteinen
Ein Mal auf unserm Hügel mauern.

Dann, um der andern Menschen Gräber
Mit Ziegelsteinen zu bedecken,
Wird man den Staub von dir und mir
In einen Ziegelofen stecken.

DAS WAHRE SEIN

Wohl ist es wundervoll, an Rosenlippen
Sich zu ergötzen, perlenden Wein zu trinken,
Beim Schall der Zymbeln sorgenlos zu lachen, –
Doch glaube mir, erst wenn du alle Ketten,
Die mit der alten Erde dich verbinden,
Zerrissen hast, beginnt das wahre Sein.

DER ALTE

Zu einem Greis, der in der Schenke lachte,
Sprach ernst ich: „Denke der Gestorbnen, Herr.
Auch du bist fern dem Tode nicht.“ Er stutzte,
Dann lachte er, nahm den Pokal und sprach:
„Trink Wein, begreife der Sekunde Glück,
Wir gehen alle, keiner kommt zurück.“

ÜBERALL LIEBE

Klag nicht den Himmel an, daß dich der Jammer
Und das verwirrend holde Glück der Liebe
Erschüttern wie Gewittersturm, – der Himmel,
durchtobt von den entsetzlichsten Gewittern,
Ist so verliebt wie du und schwankt dahin
Wie du, ratloser noch, hilfloser noch . . .

ALLAH SPRICHT

Ich, Allah, der Herr der Lebenden und Toten,
Begrüße dich, Poet, um dir zu künden:
Es ist ein Mißverständnis, wenn du glaubst,
Daß ich den Wein den Menschen untersage.
Weißt du denn nicht, daß ich ihn selbst erschuf?
Ich seh es gerne, wenn die Weisen trinken, –
Nur für die Dummen, Freund, gilt mein Verbot.

UNBEKÜMMERT

Weh, unser Leben gleicht dem Sturm,
Der hinfegt über öde Trümmerstätten,
Nur kurze Zeit, und wir sind starr und blind.

Drum will ich unbekümmert schweifen
Durch Lust und Leid: so wie das flüchtige Gestern
Schlag ich das flüchtige Morgen in den Wind.

DER ALLERBARMER

Niemals, auch wenn du schwer in Sünde fielst,
Darfst du verzweifeln an der Güte Gottes,
Der allerbarmend ist. Wenn heute du,
Dahingestreckt in wilder Trunkenheit,
Den Tod erleidest: morgen schon verzeiht
Der gütige Gott deinem erstarrten Leibe,
Daraus er sanft die Seele zu sich nahm.

KURZE FRIST

Da jeder deiner Tage, deiner Nächte
Von diesem Dasein einen Teil dir raubt,
Gestatte nicht dem Tag und nicht der Nacht,
Daß sie in Kummer hüllen dir das Herz.
Verbringe froh die Zeit: es währt nicht lang,
Und du wirst tot sein, doch die Tag und Nächte,
Sie werden weiter laufen, ohne dich.

MÜH DICH NICHT AB

Müh dich nicht ab, in Qual und in Verdruß
Zu häufen weißes Silber, rotes Gold.
Genieße froh mit deinen Freunden Trunk
Und Mahl. Wenn einst der Atem dir entwich,
So nehmen deine Freunde ohne Scheu,
Was selbst du zu genießen hast versäumt.

DENK NACH!

Betrachte diese arge Welt; denk nach,
was du einst warst,
Und was du einstmals werden wirst, –
o weh, es ist nicht viel.
Aus Todesangst, so sagst du mir,
vermeidest du den Wein, –
Mir scheint, das ist ein törichtes,
fruchtloses Sichbescheiden.
Glaubst du vielleicht, durch Nüchternheit
kann man den Tod vermeiden?

ENTTÄUSCHUNG

In manchen Hörsaal bin ich eingetreten,
Voll Sehnsucht nach der Weisheit Lichtgefunkel.
Was ich an klugen Sprüchen auch vernahm,
Ach, durch dieselbe Tür, durch die ich kam,
Bin ich hinausgeschritten in das Dunkel.

DIE UNWICHTIGEN

Die Erde wird sich weiter drehen, fühllos,
Wenn wir von ihr verschwunden sind.
Nicht das geringste Merkmal wird sich zeigen,
Daß wir von ihr verschwunden sind.
Es hat der Erde nichts gemangelt, eh wir
Auf ihr begannen unsern kurzen Reigen;
Und nicht der kleinste Mangel wird sich zeigen,
Wenn wir von ihr verschwunden sind.

SEUFZER

Ich sehe keinen Weg, um mich mit dir,
Geliebte, zu vereinen. Fern von dir
Einsam zu atmen, hab ich nicht die Kraft.
Von meinem Leid zu sprechen, fehlt der Mut mir.
Das Leben schlepp ich hin gleich einer Bürde.
Was fang ich an? O süße, wilde Qual!

SELBSTBILDNIS

Ich bin weder für den Himmel begnadet
noch zur Hölle verflucht,
Gott hat, als er mich schuf, den
allerseltsamsten Ton ausgesucht;
Freigeist bin ich, häßlich, mir scheint,
mein Herz sitzt am richtigen Ort.
Aber ich glaube nichts hier und
erhoffe nichts dort.

STÄTTE DER ANDACHT

Die Stätte meiner Andacht ist der Weinkrug.
Der Wein erst hebt mich in die lautre Sphäre
Des Göttlichen. Ich habe zu lange Zeit
Durch eifriges Besuchen der Moscheen
Nutzlos verschwendet. Jetzt erst hol ich sie
Durch den Besuch der Schenke wieder ein.

EINZIGE GEWISSHEIT

Mit Mühe drang ich in die alten Bücher
Der Weisheit ein, die schwer zu lesen sind.
Auf meines Geistes langen Wanderungen
Hab ich die einzige Kenntnis mir errungen:
Ich kam wie Wasser, und ich geh wie Wind.

ANFANG UND ENDE

Der letzte Mensch, der einmal sein wird, stammt
Vom ersten Lehm, den Gott nahm in die Hand.

Das allerletzte Ende liegt gegründet
Im ersten Anfang, wie ihn Gott verkündet.

Am ersten Tag der Schöpfung wurde schon
Geformt der Weltposaune letzter Ton.

VERGESSEN

Reicht mir den Becher mit dem Trunk „Vergessen“,
Die Sorge sei für allemal vergessen!
Was ist denn morgen? Ach, vielleicht schon morgen
Bin ich mit meinen Träumen, meinen Sorgen
So gründlich wie Jahrtausende vergessen.

DER WAHRE GRUND

Glaub nicht, daß ich das volle Glas erhebe,
Um zu genießen schwelgerisch; glaub nicht,
Daß ich des wilden Taumels wegen trinke
Oder um gläubige Menschen zu verspotten:
Ich trinke, um mir selber zu entrinnen,
Um einen Augenblick lang, leicht und heiter,
Erlöst zu sein vom jammervollen Ich.

DIE GELEHRTEN

Wie steht es mit der Weisheit der Gelehrten,
Die wir als unsre Meister stets verehrten?
Nachdem aus tiefstem Dunkel sie erwachten,
Erzählen sie uns Märchen, eins zum andern,
Bis sie in neue Nacht hinüberwandern . . .

VERGEBENE MÜHE

Ein vorgestecktes Ziel erreicht man leicht
Bei Menschen, wenn man klug ist und mit Eifer
Sich müht. Des Himmels unbeugsamen Willen
Nimmt man am besten in Ergebung hin.
Ich habe mit kecken Listen aller Art
Versucht des Himmels Fügungen zu trotzen, –
Es war umsonst. Das Schicksal hat mir immer
Die schönsten Pläne rücksichtlos durchkreuzt.

ALLES GLEICH

Blickst du den irdischen Dingen auf den Grund,
So merkst du wohl, daß alles, Glück und Gram,
Gebildet wurde aus dem gleichen Stoff.

Da nun vorüberrinnt das Gute wie
Das Böse in das Nichts, – was macht es aus,
Ob Jammer war das Dasein oder Lust?

LEBENSREGEL

Flieh Bücherstaub und Heuchelei –
        und fluche dann und wann,
Und klammre an die Locken dich
        der irdischen Schönheit an.
Sorge, daß dir der Rebe Blut voll
        in den Becher rinnt
Bis an den dunkeln Tag, wo dir
        dein eignes Blut verrinnt.

MISSGLÜCKTE REUE

Mein frevelnd Dasein zu bereuen hatt' ich
Mir vorgenommen. Dann erschien der Mai,
Rosen im Arm, und alle Mädchen lachten,
Und übermütig griff ich zur Schalmei,
Und hin war all mein reuevolles Trachten.

DIE BEZAUBERNDE

Seitdem du fern bist, o geliebtes Wesen,
Sind unsre Herzen angefüllt mit Gram.
Nicht einer von uns allen, die dich kannten,
Blieb unberührt durch deines Wesens Liebreiz;
Du hast zwar keinen eines Blicks gewürdigt,
Du Unnahbare; dennoch möchte jeder
Zu deinen kleinen launenhaften Füßen
Verströmen lassen seines Herzens Blut.

HINWEG DAMIT!

Mehr als die Throne Persiens und Chinas
Gilt eine Flöte mir von edelm Klang.
Mehr als ein Kleid von golddurchwirkter Seide
Gilt mir ein Becher gluterfüllten Weins.
Hinweg, hinweg mit allen Heiligenscheinen
Und allen dummen Rosenkränzen, die
Nur eine Welt fluchwürdiger Heucheleien
Zusammenketten, Allah zum Verdruß!

WIE EIN WINDHAUCH

Des Daseins schicksalhafte Karawane
Schleppt rasch uns weg, wir wissen nicht wohin.
Der holde Augenblick der Lebensfreude
Entschwindet wie ein Windhauch; nein, ich will
Nicht an den Kummer denken, der mich morgen
Erwartet. Bringe Wein herbei, o Schenke!
Die Nacht vergeht, – genießen wir die Nacht!

UNGEHORSAM

Wenn ein gefüllter Weinkrug mir vergönnt ist
Und Flammen schlägt mein Herz, entzündet von
Verliebten Augen, – brauch ich mehr des Glücks?
Mahnt mich ein Frommer: „Gott verlangt Entsagung",
So will ich ihm entgegnen: „Meinethalben.
Doch wär es sinnlos, wenn ich ihm gehorchte."

ALTE WAHRHEIT

Bist du ein Freund der Wahrheit, nicht der Lüge,
So darfst du dich nicht rühmen, daß du je
Im Arm hieltst eine süße Mädchenrose,
Ohn daß ein Dorn von solcher lieben Rose
Voll Bitternis sich eingrub in dein Herz.

ÜBER ALLEM DIE LIEBE

Wenn tief in deiner Brust die Liebe wohnt,
So ist es gleich, ob du zu Allah betest
Oder zum Gott der Ketzer: ward dein Name
Ins goldne Buch der Liebe eingetragen,
Unwichtig ist dir's, ob du einst belohnt
Oder bestraft wirst in der Ewigkeit.

AN GOTT

Ich bin dein Sklave, Gott, doch ich zerbreche
Die Ketten, die mich an dich schmieden. Wo
Ist nun dein Wille, Gott? Er hemmt mich nicht.

Mein Herz, voll schwarzer Sünden, seufzt im Dunkel
Der tiefsten Nacht. Wo bleibt das Licht, o Herr,
Damit du leuchten willst in Finsternis?

Wenn nur der Fromme in den Himmel kommt,
So lohnst du ein Verdienst und weiter nichts.

Wo aber bleibt bei meiner Sünden Last
Dann dein Erbarmen, Herr, und deine Liebe?

RÄTSEL

Mit Schmerzen hat die Mutter mich geboren
In dieses Dasein, dem ich nichts als Schmerzen
Verdanke. Seltsam, dennoch geh ich nur
Mit Widerstreben fort ins ewige Dunkel, –
Was war der Zweck von Kommen, Sein und Schwinden?

AUCH HIER SCHON

Im Koran heißt es, daß der Lohn der Frommen
Im Paradiese schöne Mädchen seien
Und Krüge voller Wein. So laßt mich lachend
Auch hier schon zechen und die Schönsten küssen, –
Da wir in dem gelobten Paradiese
Uns mit dem gleichen Glück begnügen müssen.

HIMMEL UND HÖLLE

Den Himmel hat der Mensch sich selbst erschaffen
Aus dunkler Sehnsucht. Doch was ist die Hölle?
Ein Schatten, den voll Bangnis unsre Seele
In jenen Abgrund wirft, aus dem wir kamen,
Und der von neuem uns verschlingen wird.

SÜNDEN

Du hast die Schlange uns beschert im Paradiese,
Du suchst uns, Gott, durch schreckliche Versuchung heim;
Vergib die Sünden, die belasten unser Leben, –
Auch deine Sünden seien dir vergeben!

IM VORHINAUS

Da ich dereinst dies irdische Gebäude
Verlassen muß, zu meiner großen Trübsal,
Um mich in schlichte Erde zu verwandeln,
So zögre nicht, geliebter Schenke! Auf!
Im Vorhinaus tränk diese durstige Erde!

WAHRHEIT

Komm, setz dich zu mir, laß die Weisen reden,
Das Leben ist verrückt, doch süß der Flieder.
Nur eins bleibt Wahrheit, und der Rest ist Unsinn:
Verwelkte Rosen blühen niemals wieder.

SELBSTSCHILDERUNG

Ich wanke hin im Götzendienst der Liebe,
Im Gottesglauben war ich niemals stark.
Ich bin kein König oder Fürst, mein Blut
Ist von geringer Herkunft; mein Gesicht
Ist durch die Liebe bleich geworden; Lumpen
Hängen an meinen Gliedern, seidne Kleider
Sind mir ein fremder Schmuck. Dies Bildnis ist
Kein Scherz, nein, leider, es ist völlig wahr.

BEGRÜNDETE HOFFNUNG

Ich habe gegen Gott mich oft vergangen
In schwerer Sünde, – dennoch richtet mich
Die Hoffnung auf, Gott wird mir gnädig sein,
Weil ich, wohl kennend seiner Arbeit Fülle,
Ihm niemals mit Gebeten lästig fiel . . .

ZWIEGESPRÄCH

Den Geier sah ich sitzen auf den Zinnen
Der Trümmerstadt; er neigte sich und sprach
Zum Schädel eines Königs, der dort bleichte:
„Wo sind die Zymbeln nun und die Trompeten
Deiner verrauschten Herrlichkeit? Wohin
Das Glänzen deines Ruhmes? Ist denn das alles
Nur eine Sage?“ „Nein“, entgegnete
Der Schädel, „wundervolle Feste haben
Hier einst gelacht, in Übermut und Rosen,
Wo jetzt Vernichtung herrscht und Grabesruh.
Uns zwingt die Zeit; sie ist unendlich stärker
Als ich, – unendlich stärker auch als du.“

LETZTER WUNSCH

Wenn ich einst tot bin, waschet mich mit Wein,
Bringt mir am Grab aus weingenäßten Kehlen
Als Totensang ein frohes Trinklied dar!

Wenn Gott am Jüngsten Tage nach mir fragt, –
Sucht meine Reste in dem Staub der Schenke,
Wo einst der Lebende so glücklich war!

GELEITWORT
ANORDNUNG

ANHANG

GELEITWORT

Der Perser Omar Khayam wurde zwischen 1025 und 1050 zu Nischapur geboren, er lebte seine Tage zumeist in seiner Vaterstadt, die auch sein Grab umschließt. Er sah Gott in allem, aber gegen den außerirdischen Gott, den er nicht erblickte, war er skeptisch gesinnt. Er war ein Pantheist, ein irdisch fühlender Weiser, ein überlegen lächelnder Betrachter der Welt, der Gottheit und der Menschen, ein Freund des Weines, preisend den Genuß des holden Augenblicks und ohne Furcht vor dem Tode. Er suchte das Glück des Daseins, beseelt von einem pessimistischen Urgefühl. Er war nicht tief und unendlich, da er immer irdisch war, aber wer hätte die Weltanschauung des „Carpe diem!", diese im Grunde aus Pessimismus und Verzweiflung geborene Weltanschauung, die den Genuß mit dem Bewußtsein eint, holder und poetischer zu gestalten verstanden als er?

Er war ein Astronom hohen Ranges, vom Staat besonders auf dem Gebiet der Kalendergestaltung herangezogen, und seine Verdienste auf diesem Gebiet waren allgemein anerkannt. Er lebte still, den Lockungen der großen Welt abgekehrt, unter den Blumen seines Rosengartens wandelnd, dichtend und sinnend, immer wieder mathematischen und astronomischen Studien ergeben, Schach spielend, und trinkend, ohne Ehrgeiz, ohne Beziehungen zu den Mächtigen des Landes, gescholten als ein Gottloser, und die Tage seiner philosophischen Betrachtungen häuften sich, bis es ein Leben von 86 Jahren wurde.

Die Schönheit seiner kleinen Gedichte ist unsterblich. Im persischen Text stellen sich diese Gedichte als Vierzeiler dar, *Rubaijat* geheißen. Omar hat mehrere hundert geschrieben, hier ist nur eine Essenz aus seinem Diwan dargeboten, das Lebendigste, die reizendsten Kristalle.

Von Omars Sprüchen liegt eine ganze Reihe deutscher Fassungen vor; bisher hat keine Popularität gewinnen können. In England ist es anders. Dort wurde die Nachdichtung Edward Fitzgeralds, die zuerst 1858 und seitdem in zahllosen Ausgaben erschien, Allgemeingut der Nation. Omar Khayam ist einer der verbreitetsten Dichternamen in England, ungezählte „Omar Khayam societies" wurden begründet und vereinigen die Verehrer des Dichters, und wenn ein paar gebildete Engländer beisammen sind, irgendwo in der Welt, so sind sie durch Omar und seine vertraute Lebensweisheit verbunden. Fitzgeralds „Omar Khayam" ist, neben der Bibel, eins der am meisten gedruckten Bücher der Erde.

Die Fassung, die ich den Weisheitssprüchen Omars gab, geht zumeist auf die französischen Prosatexte von J.B. Nicolas zurück, die dieser im Jahre 1867 zu Paris unter dem Titel „Les quatrains des Omar Khéyam" in wortgetreuem Anschluß an die beigedruckten persischen Originale dargeboten hat; außerdem bin ich den Ausgaben von Bodenstedt, dem Grafen Schack und Fitzgerald verpflichtet. Ich habe das Versmaß des gereimten Vierzeilers, der übrigens von den Persern aus dem Arabischen übernommen ist und bei dem sich die erste Zeile mit der zweiten und vierten zu reimen pflegt, absichtlich nicht gewahrt, es lag mir vielmehr daran, den Geist des östlichen Dichters in deutschen Formen neu erstehen zu lassen.

HANS BETHGE
(Datum unbekannt)

ANORDNUNG

6 1.)

Viel köstlicher.

Viel köstlicher als aller Ruhm der Erde
Ist's, einen Trunk aus vollem Glas zu tun;
Viel köstlicher und Gott gefälliger
Als frommes Plappern ist der Hauch des Glückes,
Der leis vom Munde der Verliebten weht.

Manuskript Hans Bethges: „Viel köstlicher“
aus „Omar Khayyam“

HANS BETHGE, 1876 - 1946

Hans Bethge um 1920
genaue Datierung unbekannt

I. Über Hans Bethge

Hans Bethge wurde am 9. Januar 1876 in Dessau (Anhalt) geboren. Der Sohn aus einer Landwirtsfamilie studierte neuere Sprachen und Philosophie in Halle, Erlangen und Genf. Nach der Promotion arbeitete er knapp zwei Jahre in Spanien als Lehrer. 1901 ließ er sich als freier Schriftsteller in Berlin nieder. Ab 1898 veröffentlichte er mehrere Gedichtbände – empfindsame und stimmungsvolle Liebes- und Naturlyrik. Es folgten Ausgaben von Tagebüchern, Novellen und Erzählungen, Essays und Dramen. Nähere Einzelheiten enthält die aktualisierte und erweiterte Biographie des Neffen Hans Bethges, Eberhard Gilbert Bethge, die im Oktober 2002 in diesem Verlag wieder aufgelegt wurde.

Hans Bethge war ein Mensch der Freundschaften und offen für alles Schöne. Viele Literaten und Künstler seiner Zeit zählten zu seinen Freunden. Der Jugendstilmaler Heinrich Vogeler und andere Künstler des Worpsweder Kreises gehörten dazu. Vogeler hat drei Bücher Hans Bethges mit Buchschmuck versehen. Der Maler und Bildhauer Wilhelm Lehmbruck hat ihn mehrfach porträtiert.

1906 gab Hans Bethge die Anthologie „Deutsche Lyrik seit Liliencron“ heraus, die zahlreiche Auflagen erlebte. Hans Bethge setzte sich nicht nur für die Werke zeitgenössischer Schriftsteller- und Dichterkollegen ein. Mit der „Chinesischen Flöte“ begann er 1907 die Reihe seiner Nachdichtungen orientalischer Lyrik. Wie Goethe, Rückert, Hermann Hesse und Richard Wilhelm gehört Hans Bethge zu denjenigen, die dem deutschsprachigen Kulturkreis die Schätze der orientalischen Dichtkunst und Weisheit vermittelt haben. Bethge konnte kein Chinesisch, kein Arabisch und kein Persisch- und keine andere orientalische Sprache. Und doch hat er, ein Reisender in Tat und Geist, den Gehalt der östlichen Dichter wie kaum ein anderer erfaßt und in Ton, Klang und rhythmischer Musikalität zum Ausdruck gebracht. Die Resonanz auf seine Nachdichtungen war außerordentlich. „Die Chinesische Flöte" und auch die späteren Nachdichtungen japanischer, indischer, persischer, türkischer, armenischer und arabischer Lyrik wurden bis in die achtziger Jahre immer wieder aufgelegt. Als eigenständige Neuschöpfung wurde „Die Chinesische Flöte" ins Holländische und Dänische übersetzt. Gustav Mahler bewegte das darin enthaltene Gedicht Li-Tai-Pos „Vom Jammer der Erde" so sehr, daß er es mit sechs weiteren Gedichten aus dem Band zur Grundlage seines „Lied von der Erde" machte. Viele andere Komponisten wie Schönberg, von Webern, Richard Strauß, Eisler, Szymanowski haben die Nachdichtungen Hans Bethges vertont. Insgesamt haben mehr als hundertsechzig Komponisten die Verse Hans Bethges in Musik gesetzt.

1943 flüchtete Hans Bethge vor den Bomben und Luftschutzkellern ins Schwäbische, nach Kirchheim unter Teck, wohin ihn ein naher Freund eingeladen hatte. Von langer Krankheit erschöpft, starb er in Göppingen am 1. Februar 1946. Sein Grab befindet sich in Kirchheim unter Teck. Dort werden in einer ständigen Ausstellung im Max-Eyth-Haus Hans Bethges Bücher, Fotos und andere Lebenszeugnisse gezeigt. Das deutsche Literaturarchiv in Marbach pflegt seinen literarischen Nachlaß.

Mit Beginn der 'revolutionären sechziger Jahre' des zwanzigsten Jahrhunderts wurde die innerliche, leise Stimme der Poesie von politischen Parolen und 'gesellschaftlich relevanten Texten' übertönt. Dem hundertsten Geburtstag Hans Bethges 1976 schenkten die deutschen Medien nur wenig Aufmerksamkeit. Hervorzuheben ist eine Gedenksendung des Schweizer Rundfunks, in der Bernhard Minetti die Gedichte Hans Bethges rezitierte. Noch immer wird Hans Bethge der Vorwurf gemacht, daß er seine Nachdichtungen nicht aus den Originalsprachen übersetzt, sondern an Hand englischer oder französischer Vorlagen verfaßt hat. Hans Bethges „Nachdichtungen" sind jedoch weit mehr als bloße Übertragungen fremdsprachlicher Texte. Seine Verse sind kongeniale poetische Anverwandlungen und eigenständige Neuschöpfungen.

Seit dem Jubiläumsjahr Bethges 2001 will der Verlag allen Interessierten Gelegenheit geben, sich ein eigenes Bild von der Qualität der Bethgeschen Nachdichtungen zu machen. Diese Neuauflage ist zugleich eine Einladung, die Schönheit der orientalischen Lyrik wieder oder neu zu entdecken.

II. Nachwort zur Neuherausgabe der Nachdichtungen Hans Bethges

Im August 1977 entdeckte ich im Wühltisch eines Frankfurter Buchantiquariats ein kleines Bändchen, gebunden in verschlissener roter Seide. Einen solchen Einband hatte ich noch nie gesehen. Ich schlug das Büchelchen auf: Ein Inselband in Doppelblockbindung aus den zwanziger Jahren zum Preis von zehn Mark. Es war Hans Bethges: „Hafis. Die Lieder und Gesänge des Hafis“, Nachdichtungen persischer Lyrik. Ob mir Hafis und Hans Bethge (über Mahlers „Lied von der Erde“) damals schon ein Begriff waren, weiß ich nicht mehr. Aber mich entzückte die seltene Mischung aus liebestrunkenen Versen, tiefer Frömmigkeit und frechen Seitenhieben auf die “überfrommen Pfaffen”, die vom Leben keine Ahnung haben.

Ich erstand das Bändchen und trug es wie einen Schatz glücklich nach Hause. In den späteren Jahren stöberte ich weitere drei Exemplare der schönen alten Inselbändchen mit Hans Bethges Nachdichtungen orientalischer Lyrik auf. Ich erkannte sie am gleichen Format, auch wenn sie nicht mehr seidengebunden, sondern mit einem schmuckverzierten Pappdeckel versehen waren. Immer wieder überraschten mich in den alten Bänden die taufrische Sprache, die Lebendigkeit des Gefühls und die Offenheit und Weite des Denkens der ausgewählten Dichter.

Es war mir darum eine große Freude und Ehre, als die Erbengemeinschaft Hans Bethges, vertreten durch Eberhard Gilbert Bethge, im Dezember 2000 bei mir anfragte, ob ich die Nachdichtungen Hans Bethges in meinem noch jungen Verlag wieder herausbringen wollte. Ich habe mit Freuden zugesagt.

Mit der Wiederveröffentlichung der Nachdichtungen orientalischer Lyrik Hans Bethges, noch dazu in seinem Jubiläumsjahr, dem125. Geburtstag und 55. Todestag, möchte ich allen Gedichteliebhabern und Lesern orientalischer Literatur diese kongenialen Übertragungen wieder zugänglich machen. Sie sind für uns Abendländer wunderbar geeignet, den inneren Zugang zu anders denkenden und fühlenden Kulturen zu finden. Ebenso ist es mir ein Anliegen, den aus den orientalischen Regionen zugezogenen Mitbürgern und ihren Kindern die Schätze ihrer Dichtkunst und Kultur auch in der neuen Sprache zu erhalten.

Und mehr noch: In Hans Bethges schlicht gehaltener, fein durchrhythmisierter Sprache, im liedhaften Ton seiner Gedichte werden alle Begrenzungen von Orient und Okzident aufgehoben – seine Gedichte vereinen vollendete Form mit einer inneren Tiefe, die direkt zum Herzen der Leser spricht.

III. Anmerkung und Danksagung zur Neuauflage des „Omar Khayyam“

Die Herausgabe dieses Bandes bereitete einige Schwierigkeiten:

Die Erstauflage von 1921 im Propyläen-Verlag wurde in der Fachwelt heftig angegriffen, weil Hans Bethge - unter Nennung seiner Quellen - nicht nur alte Sammlungen, sondern auch „Die Sinnsprüche Omar Khayyams“ in der Übersetzung des Zeitgenossen und Orientalisten Friedrich Rosen für seine Nachdichtungen herangezogen hatte (heute noch aufgelegt vom Insel-Verlag, Frankfurt).

Im Nachlaß finden sich ein numeriertes Manuskript und die maschinenschriftliche Abschrift davon, die die Basis für eine dritte Auflage bilden sollten. Bethge hat umfangreiche Änderungen in der Auswahl und Form seiner Nachdichtungen getroffen. Die umstrittenen Verse, die nahe Übereinstimmungen mit Rosen aufweisen, hat er entfernt, dafür andere aufgenommen. Darunter finden sich viele Änderungen im Vergleich zu einer Ausgabe bei „Gyld“, d.i. das Verlagshaus Gyldendal, Berlin.

Die Gyldendalsche Ausgabe ist bibliographisch nicht nachzuweisen. Es existiert allerdings ein Verlagsprospekt, in dem Omar Khayyam in der siebten Auflage beworben wird. Die Titelzeichnung dieser Ausgabe stammt danach von Georg A. Mathéy.

1962 publizierte der Wilhelm Rübsamen Verlag, Stuttgart, eine unautorisierte und von der Erbengemeinschaft Hans Bethge nicht anerkannte „2. Auflage“, zusammen mit den Nachdichtungen des „Hafis“ und dem „Asiatischen Liebestempel“.

Nicht alle Änderungen, die sich im Bethgeschen Nachlaß finden, verbessern die korrigierten Verse. Ich habe mich daher in vielen Fällen dazu entschlossen, die ursprüngliche Fassung, die meist kraftvoller, geschmeidiger und poetischer ist, beizubehalten. Das gleiche gilt für die Auswahl der Gedichte. Viele Verse, die Bethge streichen wollte, waren sprachlich und inhaltlich schöner als die neuen.

Ich habe eine Übersicht der alten und der neuen Fassung angefertigt, die allerdings so umfangreich ist, daß sie den Rahmen dieser Ausgabe sprengen würde. Ich stelle sie zur Einsichtnahme dem Deutschen Literaturarchiv in Marbach zur Verfügung, das Hans Bethges Nachlaß verwaltet.

Außerdem habe ich den ursprünglichen Titel „Omar Khayam“ der heute international gängigen Schreibweise angepaßt, also in „Omar Khayyam“. Die im Deutschen ebenfalls gebräuchliche Fassung „Omar Chajjam“ gibt zwar am besten die korrekte Aussprache wieder (ch wie in Nacht), war aber nicht Hans Bethges Wahl.

Die Recherche der im Nachwort Hans Bethges genannten Autoren ergab folgende Publikationen:

Adolf Friedrich Graf von Schack: Strophen des Omar Chijam, Stuttgart 1878

Omar Chajjam. Lieder und Sprüche verdeutscht von Friedrich Bodenstedt, Breslau 1881

The Rubaiyat of Omar Khayyam, in English verse by Edward Fitzgerald, 1858 (immer noch aufgelegt!)

Les Quatrains de Khéyam, traduit du persan par J.B. Nicolas, Paris 1867

Aus den großen Sammlungen des Nicolas (464 Verse) , Bodenstedt (467 Verse), Schack (336 Verse) hatte Hans Bethge 120 Verse für seine Erstauflage gewählt, also nur etwas mehr als ein Viertel der bislang übersetzten Gedichte. Fitzgerald, dessen Übersetzung Omar Khayyam im angloamerikanischen Raum so berühmt machte, stellte eine Auswahl von 75 Versen vor und erweiterte sie im Lauf der Jahre auf 101 Gedichte. Die ebenfalls sukzessiv erweiterte Ausgabe von Rosen umfaßt heute 152 Verse. Die hier vorliegende neue Ausgabe der Bethgeschen Nachdichtung umfaßt 122 Verse. Jede der Teilausgaben hat eigene Schwerpunkte und Schönheiten. Man sollte sie daher nicht in Konkurrenz, sondern als gegenseitige Ergänzung der wunderbaren Verse des Omar Khayyam verstehen.

Wie immer ganz herzlichen Dank an Herrn und Frau Eberhard Gilbert Bethge für ihre unermüdliche und großzügige Unterstützung.

Regina Berlinghof
im Juli 2003

IV. Verzeichnis der Abbildungen

43.)

Es scheint mir klüger ...

Es scheint mir klüger, edlen Wein zu trinken
Und hübsche Mädchen um die Brust zu fassen,
Als heuchlerisch ein Tugendbold zu sein.

Wenn wirklich alle Trinker und Verliebten
Zur Hölle müssen, wie geschrieben steht, –
Ist dann ein Mensch zu finden, der noch Lust hat
Hinan ins öde Paradies zu ziehn?

Bgtv. p. 37 (Thalasso p. 317)

Entwurf Hans Bethges: „Es scheint mir klüger“
aus „Omar Khayyam“

NEU MÄRZ 2006

Zum ersten Mal in deutscher Sprache:

Mirabai
Liebesnärrin
Die Verse der indischen Mystikerin

aus dem Rajasthani
übersetzt von
Shubhra Parashar

ca. 250 S., Kt., Abb.,
EUR 14,00,
ISBN 3-935727-09-7

„Ich bin nun eine Liebesnärrin" das sagt die indische Rajuputenprinzessin Mira (=Mirabai) aus dem 16. Jahrhundert von sich selbst. Sie hatte sich ganz dem Dienst Krishnas geweiht. Zum Entsetzen der königlichen Familie ihres Gatten tanzte sie im Tempel. Man versuchte, sie zu vergiften. Aber Krishna verwandelte den Gifttrank in Nektar. Viele Wunder und Legenden ranken sich um ihr Leben. Ihre ekstatisch- beseelten Liebesverse sind heute so lebendig wie vor fünfhundert Jahren. Sie künden von ihrer unbeirrbaren und hingebungsvollen Liebe zu ihrem Gott und von ihrem Schmerz, wenn ihre Liebe nicht die ersehnte Erfüllung findet.
Dies ist die erste deutsche Übersetzung der Verse der Mirabai: Zeugnisse einer großen Mystikerin und einer erstaunlichen Frau, die in einer streng patriarchalischen Männergesellschaft ihren eigenen Weg zu gehen wagte.

NEU OKTOBER 2005

ca. 150 S., Kt.,
Mit 16 Holzdrucktafeln
von 1465
EUR 12,50,
ISBN 3-935727-10-0

Das Hohelied - Der Gesang der Gesänge
The Song of Songs
שִׁיר הַשִּׁירִים

Diese dreisprachige Ausgabe des Hohenliedes Salomos enthält neben der hebräischen Originalfassung die dichterischen Übersetzungen Martin Luthers und der jüdischen Gelehrten Martin Buber/Franz Rosenzweig aus der ersten Hälfte des 20. Jahrhunderts, dazu die klassische englische King James Version. In den wunderbaren althebräischen Liebesversen verschmelzen die persönliche, erotische Liebe und die kosmische spirituelle Liebe zu einer Einheit. Ihre Sprache und Bilder atmen die Glut und den Duft des Orients.

Hans Bethges Nachdichtungen orientalischer Lyrik:

Oktober 2005: Alle Bände wieder aufgelegt!

NEU OKTOBER 2005

Hans Bethge:
Der persische
Rosengarten

Band 11, 2. Auflage
seit 1980 (posthum)
130 S., Kt., Abb.,
EUR 12,50,
ISBN 3-935727-07-0

NEU MÄRZ 2005

Hans Bethge:
Pfirsichblüten aus China

Band 7: 3. Auflage seit 1920 (5.-8. Tsd.), Abb.
136 Seiten, kt., EUR 12,50,
ISBN 3-935727-06-2

Hans Bethge:
Hafis
Die Lieder und Gesänge des Hafis

Band 2: 2. Auflage seit 1910(1941),
148 Seiten, kt., EUR 12,50,
ISBN 3-935727-03-8

Hans Bethge:
Der asiatische
Liebestempel

Band 10: 3. Auflage seit 1941,
123 Seiten, kt., EUR 12,50,
ISBN 3-935727-04-6

Hans Bethge:
Arabische Nächte

Band 4: 5. Auflage seit 1912
(24. Tsd. 1922), Abb.
143 Seiten, kt., EUR 12,50,
ISBN 3-935727-05-4

Hans Bethges Nachdichtungen orientalischer Lyrik:

Hans Bethge:
Die armenische Nachtigall

Band 9: 3., aus dem Nachlaß ergänzte Auflage seit 1924,
144 Seiten, kt., Abb.
EUR 12,50,
ISBN 3-935727-02-X

Hans Bethge:
Omar Khayyam

Band 8: 3., aus dem Nachlaß ergänzte Auflage seit 1921,
154 Seiten, kt., Abb.
EUR 12,50,
ISBN 3-935727-01-1

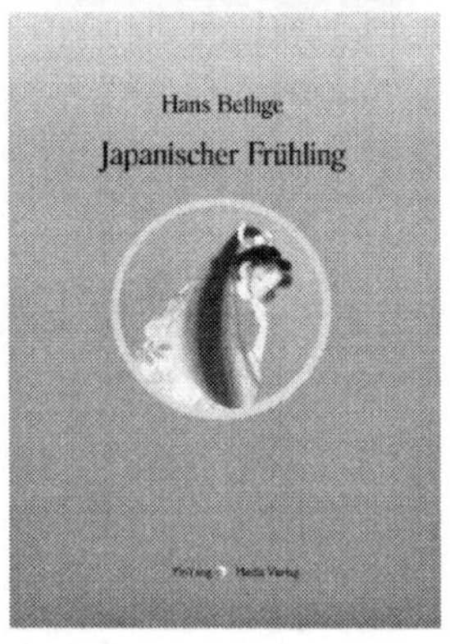

Hans Bethge:
Japanischer Frühling

Band 3: 8. Auflage seit 1911,
151 Seiten, kt., Abb.
EUR 12,50,
ISBN 3-935727-00-3

Hans Bethge:
Das türkische
Liederbuch

Band 5:
3. Aufl. seit 1913,
146 Seiten, kt.,
EUR 12,50,
ISBN 3-9806799-7-7

Hans Bethge:
Die indische Harfe

Band 6:
4. von Hans Bethge bearb.
u. erw. Auflage seit 1913,
Abb., 160 S., kt.,
EUR 12,50,
ISBN 3-9806799-8-5

Hans Bethge:
Sa' di der Weise

Band 12:
Erstausgabe aus dem
Nachlaß, Abb.
136 Seiten, kt.,
EUR 12,50,
ISBN 3-9806799-6-9

Hans Bethge:

Die chinesische Flöte

Band 1: 20. Aufl. seit 1907, Abb.
150 Seiten, kt., EUR 12,50,
ISBN 3-9806799-5-0

„In Bethges zeitlos schönen Nachdichtungen sind der lyrische Zauber und die Musikalität chinesischer Poesie unverändert zu spüren.“ *Das neue China Heft 4, 2001*

Li Tai Pos Verse zwischen melancholischem Schmerz, Trunkenheit und heiterem Übermut gehören zu den schönsten Gedichten der Weltliteratur. Zusammen mit den Gedichten seines Zeitgenossen Tu Fu (klassische Tang Zeit) bilden sie das Zentrum der vorliegenden Ansammlung chinesischer Lyrik aus über drei Jahrtausenden. Mit der „Chinesischen Flöte“ begann Hans Bethge 1907 die Reihe seiner Nachdichtungen orientalischer Lyrik. Die Resonanz war außerordentlich. Bethge hat wie kaum ein anderer erfaßt und in Ton, Klang und rhythmischer Musikalität in die deutsche Sprache übertragen. Kein Wunder, daß zahlreiche Musiker seine Nach- oder Neuschöpfungen vertont haben. Herausragendes Beispiel ist Gustav Mahler, der sein „Lied von der Erde“ nach sieben Gedichten aus Hans Bethges „Chinesischer Flöte“ vertonte.

Eberhard G. Bethge

Hans Bethge

ISBN 3-9806799-9-3, 177 Seiten, kt., EUR 12,90, 3. erw. und aktualis. Aufl., zahlr.. Fotos, Bibliographien, mit „In Memoriam" v. E. Rathenau und H. Bethges „Selbstporträt"

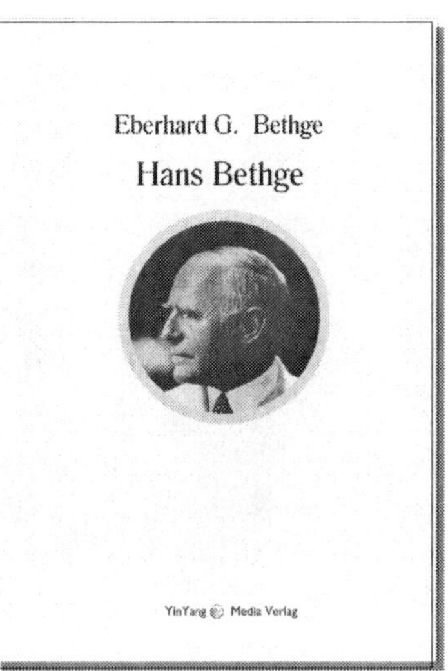

Der Neffe Hans Bethges gibt in seiner Biographie Einblick in Leben und Werk des Dichters. Hans Bethge, 1876 in Dessau (Anhalt) geboren, studierte moderne Sprachen. Mit zweiundzwanzig Jahren trat Bethge mit dem Gedichtband „Die stillen Inseln" an die Öffentlichkeit. Weitere Lyrikbände sowie Reisetagebücher, Essays und dramatische Werke folgten. Berühmt wurde er mit seinen Nachdichtungen orientalischer Lyrik. Er lebte als freischaffender Schriftsteller und Redakteur in Berlin.

Eberhard Gilbert Bethge

wurde am 23.11.1916 in Magdeburg geboren. Er studierte Rechts- und Staatswissenschaften in Berlin und Rostock. Beruflich war er als Rechtsanwalt, Akademie-Studienleiter und in der Berufsberatung für Abiturienten und Hochschüler der Bundesanstalt für Arbeit tätig. Im Ruhestand schrieb er die Hans-Bethge-Biographie und die dreiteilige Dichtung „Hiob Christ".

MOHAMMED SCHAMS ED-DIN, GENANNT HAFIS

d.h. „Bewahrer", der Ehrenname für diejenigen, die den Koran auswendig beherrschen, lebte von 1326 bis 1390 in Schiras. Er gilt als der größte Dichter Persiens. In seinen Liedern und Gedichten verherrlichte er nicht nur Allah und den Koran, er besang in den feurigsten Tönen die Schönheit der Natur, die Liebe zur Geliebten und zum Geliebten; er feierte den Wein, die Schenken, den Gesang und Tanz - und er spottete mit loser Zunge über die Buchstabenfrommen, die ihn wegen seiner "lästerlichen Reden" und Gedichte als Ketzer und Gotteslästerer verfolgten. Der Sufi und "heilige Narr", "die mystische Zunge des Unsichtbaren", "die Rose von Schiras" - auch unter diesen Beinamen ist er bekannt. Goethe nennt ihn den "heiligen Hafis". Ein Heiliger, der das Leben in seiner ganzen Fülle und Sinnlichkeit liebte und genauso sinnlich in seinen Gedichten pries.

Hafis: Der Diwan

Die Gedichte des größten persischen Dichters

Reprint der deutschen Erstausgabe von 1812/13
in der Übersetzung und Erläuterung von
Joseph von Hammer-Purgstall

1. Teil: 525 S., kt., € 24,90 ISBN: 3-806799-1-8
2. Teil: 585 S., kt., € 24,90 ISBN: 3-9806799-2-6
beide Bände zus.: € 46,00, ISBN 3-9806799-3-4

Die Verse des Hafis: Reprint zu Goethes 250. Geburtstag (1999)

1813 entdeckte Goethe die Gedichte Hafis' und anderer orientalischer Dichter. Das Feuer, das ihm aus den Worten des größten persischen Dichters entgegenschlug, entzündete Goethes dichterische Phantasie und riß den Vierundsechzigjährigen zu glutvollen Liebesgedichten und Nachdichtungen hin. Im Wetteifern mit der verwandten Zwillingsseele aus einem anderen Jahrhundert und einer anderen Kultur entstand in einem neuen Schaffensrausch der „West-Östliche Divan".

Zu Goethes 250. Geburtstag im Jahre 1999 erschienen die Gedichte und Lieder des Hafis in der Hammer-Purgstall Übersetzung der ersten deutschsprachigen Gesamtausgabe preiswert als Reprint und geben den heutigen Lesern und Liebhabern des West-Östlichen Divan die Gelegenheit, Hafis kennenzulernen und den Quellen Goethescher Inspiration nachzugehen.

Siehe auch den Verlagstitel: Hans Bethge: Hafis – die Lieder und Gesänge des Hafis. Nachdichtungen. (erschienen März 2004)

edition märchen

Uta Franck

Der Prinz im Schaffell

Märchen für Kinder und Erwachsene
mit Bildern von Claus Nothdurft

150 Seiten, kartoniert, EUR 12,50
ISBN: 3-9806799-4-2

Ein eitler Prinz, in Gold und Silber gekleidet, zieht in die Welt. Nicht nur er erlebt Überraschungen. In Uta Francks neuen Märchen spielt die Sonne verrückt, ein böser Geist hält die Haselnussfrau gefangen, und im Dornrosenschloss bleibt der jüngste Sohn brav daheim und repariert die Heizung – bis ihn die Liebe trifft.

Acht neue Märchen werden zusammen mit den Märchen aus Uta Francks Band „Kelkheimer Märchen und Sagen“ vorgelegt.

Der Druck erfolgte mit freundlicher Unterstützung durch die Naspa-Stiftung, Wiesbaden.

Foto: Ramune Pigagaite

Uta Franck, 1942 geboren, wuchs in Meldorf an der Westküste Schleswig-Holsteins auf. In Kiel, Köln und Frankfurt am Main studierte sie Biologie, Geographie und Germanistik. Seit 1972 lebt sie in Kelkheim in der Nähe von Frankfurt.

Sie ist Autorin mehrerer Gedicht- und Kurzprosabände sowie des Buches “Kelkheimer Märchen und Sagen”.

Pressestimmen:

Zauberhafte Betthupferl für Kinder und Erwachsene

Von Claus Nothdurft mit schwarzen, holzschnittartigen Zeichnungen illustriert, eignen sich die kurzen Geschichten für Kinder. Noch besser sind sie aber als zauberhafte Betthupferl für Erwachsene geeignet."

Frankfurter Rundschau 1998

„Die Märchen handeln von tüchtigen Mädchen, Prinzen und Prinzessinnen. Da gibt es eine trutzige Burg auf hohem Berge, einen feuerspeienden Drachen oder einen Bücherprinzen hoch oben auf dem Schloß. Sie stimmen auf die mystische Märchenwelt ... ein."

Frankfurter Allgemeine Zeitung, 3.12.1997

„Bestimmte Märchen-Motive (hohle Weiden, Pferde, Schlösser, Prinzen, Prinzessinnen, verzauberte Schuhe, Zaubersprüche) sind dem Leser vertraut und schaffen die Basis für die neuen, abwechslungsreichen Märchen-Ideen der Autorin. Mit viel Sensibilität und offensichtlicher Erfahrung mit dieser Gattung gelingt ihr ein Sortiment schöner, lesens- und vorlesenswerter Märchen. ... Die Märchen verdienen es, weit über den Einzugsbereich von Kelkheim gelesen zu werden."

Arbeitsgemeinschaft Jugendliteratur und Medien (VJA) in der GEW, 6.6.1999

Foto: Maik Reuss

Regina Berlinghof

Wüste, Liebe und Computer

Geschichten

245 S., kt., € 12,90,
1999/2000[2]

ISBN: 3-9806799-0-X

Rezensionen:

"Allesamt sind es menschlich-zauberhafte Geschichten mit viel Seele, einem Schuss Erotik und einem Hauch Mystik, die weniger den Verstand als das Gefühl ansprechen und die Augen für das Fremde öffnen.

Regina Berlinghofs Rezept heißt Konfrontation. Der Computer hassende Reisebuchautor muss plötzlich mit seiner dem Laptop verfallenen Gattin zurechtkommen. Ausgerechnet die verklemmte Studienrätin wird aus heiterem Himmel mit erotischen Liebesbriefen im Stil der Minnesänger bombardiert. Der in die Zukunft reisende Wissenschaftler landet just bei den Neandertalern und entdeckt sein Gefiihl für die Natur wieder. Mit der Natur konfrontiert werden auch die deutschen Amerika-Touristen, die Berlinghof im wahren Wortsinn nacheinander in die Wüste schickt. Im Tal des Todes oder im Monument Valley erleben diese die unterschiedlichsten Seelenabenteuer, spüren die unendliche Schönheit und Kraft der Landschaft - und finden nicht selten die Liebe."

Frankfurter Rundschau, 30.12.1999

Regina Berlinghof

Schrödingers Katharina

oder Liebe am anderen Ende der Welt

Ein Roman um Liebe, Literatur und Quantenphysik

260 S., kt., € 14,00

ISBN: 3-935727-08-9

Rezensionen:

Spannende, zugleich sehr vergnügliche Unterhaltung auf hohem Niveau, ehrliche Erotik, intelligente Liebe, fruchtbare Auseinandersetzungen zwischen Frau und Mann, Tauziehen zwischen Materialismus und Spiritualität, erstklassige philosophische Diskurse, quantenphysikalische Höhenflüge, Trauer, Wut, Verzweiflung, Frustration, Resignation, glückliche Ekstase, Grenzerfahrungen, Witz, Erfüllung, tiefe Zufriedenheit, alles in einem einzigen Roman.

Kerstin Nordt & Elena Maroufi, 10.12.2003

online bei "MYLIRIS – Seminare und Beratung"

"Schrödingers Katharina oder Liebe am anderen Ende der Welt" ist für mich besonders aus zwei Gründen lesenswert. Zum einen wird diese vertrackte Mischung aus Literatur und physikalischer Reflexion nie langweilig; zum anderen erinnert sie an etwas, das wir im Alltagsdasein immer wieder vergessen, nämlich daran, dass wir unser Glück noch nicht gefunden haben."

Peter Rhonfeld, Marburger Forum 2003-6

Ein weiterer Titel der Verlagsautorin

Regina Berlinghof
Mirjam
Maria Magdalena und Jesus
Roman

Verlag Dietmar Klotz, Eschborn
612 Seiten inkl. Karten und Anhänge
3. Auflage 2004 als TB EUR 9,80
ISBN 3-88094-466-1

Http://www.verlag-dietmar-klotz.de

http://www.regina-berlinghof.de

Regina Berlinghof, 1947 in Freiburg im Breisgau geboren, verbrachte Kindheit, Schulzeit und Jurastudium in Frankfurt am Main. Frühes Interesse für Israel, die arabischen Länder und die Wüste. Längere Kibbuz- und Studienaufenthalte in Israel und Ägypten, Wüstenurlaube in den USA. Regina Berlinghof lebt als freie Schriftstellerin und Verlegerin in Kelkheim im Taunus.

Weitere Veröffentlichungen:
Schrödingers Katharina oder Liebe am anderen Ende der Welt,
Roman, Kelkheim 2003, ISBN 3-935727-08-0
Wüste, Liebe und Computer - Geschichten
Kelkheim 1999, 2000, 2005 ISBN 3-9806799-0-X
Mitübersetzerin der ersten sechs Garfield-Bände
Weitere Geschichten, Gedichte und Satiren auf der Homepage:
http://www.regina-berlinghof.de

Die Liebe verwandelt sie beide

- Maria Magdalena, die aus Haß und Verbitterung zu ihrer großen Liebe findet
- Maria Magdalena, die selbst die grenzenlose, göttliche Liebe erfährt
- Jesus, der nicht mehr zwischen göttlicher und sexueller Liebe trennt
- Jesus, der als Guru zurücktritt, weil seine Jünger ihn zum Gott machen
- Jesus, der von seinen Jüngern verraten wird, weil er sie wegen einer Frau verlassen will

Pressestimmen und Leserreaktionen:

„Der Erzählerin geht es in der breit angelegten, aber kurzweiligen Geschichte nicht um historische Ausdeutung oder falsche Aktualisierung, sondern um das beziehungsreiche Wechselspiel von Einst und Jetzt. Berlinghof tut das geschickt und mit Stilempfinden, und sie eröffnet neue Sichtweisen auf vermeintlich allzu Bekanntes." *Frankfurter Rundschau, 22.5.1999*

„Ein mutiges Buch, das eine große Leserschaft verdient, geht es doch um die Liebe in all ihren Dimensionen." *Einblick, Augustheft 1997*

„Dieses Buch hat noch einmal mein Leben verändert. Ich habe Jesus, das Christentum, Judentum und die griechischen Philosophen neu begriffen. Ich habe meine Liebe neu entdeckt. Das Buch hat mir geholfen meine Liebe zu erweitern und noch bewusster zu leben." *Ein Schauspieler, eMail vom 10.3.2003 aus Norddeutschland*

„Danke schoen fuer dieses wunderbare Buch "Mirjam". Zur Zeit lese ich es zum zweiten Mal, und ich werde es noch viele Male lesen. Inhaltlich und formal ist der Roman ausserordentlich gut gearbeitet, ganz abgesehen davon, dass alle drei Geschichten mein Herz beruehren und mich sehr beschaeftigen." *eMail vom 24.5.2002 aus Oldenburg*

„Es ist erotisch geschrieben, feinfühlig und voller Liebe." *Eine Buchhändlerin in Frankfurt, Frankfurter Rundschau, 23.7.1999*